✳

IMPRIMERIE DE J. TASTU,
RUE DE VAUGIRARD, N. 36.

✳

DE

# LA CONGRÉGATION

ET

## DES JÉSUITES.

AU ROI, A LA NATION ET AUX CHAMBRES.

Par M. D***.

*Quousque tandem....*

PARIS

CHEZ LES MARCHANDS DE NOUVEAUTÉS.

1826

# DE
# LA CONGRÉGATION
## ET
# DES JÉSUITES.

---

Lorsque le feu Roi, de glorieuse et vénérable mémoire, donna la Charte à la France, il ne prévoyait pas que les troubles qui survinrent un an après, et les longues dissensions civiles dont ils furent suivis, s'opposeraient à l'émission des lois qu'il avait méditées, pour compléter son ouvrage et en assurer la durée. Il était loin de penser qu'une conjuration audacieuse s'emparerait de la Restauration, pour l'exploiter exclusivement à son profit, au nom de la religion. Louis XVIII ne soupçonnait pas que les temps étaient prochains, où une législation impuissante ne laisserait à la magistrature que le triste droit de témoigner sa haute réprobation contre les entreprises d'une association conspiratrice, devenue en peu d'années assez puissante pour paralyser, entre les mains du gouvernement, les moyens de répression que lui seul a le droit d'employer.

Des voix éloquentes se sont déjà fait entendre. Les fruits de leurs courageux efforts ne seront pas perdus pour l'avenir, mais il n'est que trop vrai que leur effet actuel a été de précipiter la marche de la faction qui s'est vue dévoilée, et de diminuer la résistance déjà si faible de l'autorité. Les conjurés, renonçant à toute espèce de ménagement dans leurs attaques, ont dédaigné des progrès lents, et, redoublant de hardiesse, ils ont obtenu des succès funestes. Chaque jour nous en révèle de nouveaux, qui justifient des alarmes trop long-temps traitées de chimères.

Il est temps que la résistance prenne le même caractère de ténacité. C'est le devoir de tous les écrivains qui ont conservé leur indépendance, d'imiter le patriotique exemple donné par l'intrépide comte de Montlosier. L'imminence du danger doit rallier sous la même bannière tous les hommes de bien; ils doivent à la patrie le sacrifice de leurs opinions particulières sur des questions moins graves. Quelle que soit l'interprétation que la prévention ou la malignité puissent donner à leurs patriotiques efforts; quelques persécutions qui leur soient réservées, ils doivent revenir sans cesse à la charge, et ne point se lasser d'annoncer au Roi et à la nation, les catastrophes dont l'Etat est menacé. L'esprit d'envahissement et de fanatisme des jésuites et de la partie du clergé qui malheureusement fait cause commune avec eux, rend ces catastrophes inévitables, si la sagesse royale ne les prévient. Elle seule peut désormais remédier au mal avec efficacité, et réprimer des entreprises d'autant plus dangereuses, que le voile religieux sous lequel les conjurés se cachent habilement, lui inspire une funeste sécurité. Le trône n'est pas moins menacé que les libertés publiques, par cette congrégation qui n'est qu'une ligue pareille à celle qui ébranla la monarchie à la fin du seizième siècle. Le but, sans être absolument le même, n'est pas moins criminel. L'association n'a pas, comme celle qui lui sert de modèle, le projet de changer la dynastie régnante, parce qu'elle compte la soumettre à son joug, en resserrant de plus en plus le réseau dont elle ose se flatter d'avoir environné le trône. Elle en diffère aussi sous d'autres rapports essentiels. La ligue dont les Guises furent les fondateurs et les chefs, n'était qu'accidentellement ultramontaine et sacerdotale, la cour de Rome ne fut que l'auxiliaire des rebelles, de même que la défense de la religion catholique ne fut que le prétexte de la rébellion. Il s'agissait bien moins de soumettre la France à la puissance papale et d'extirper l'hérésie, que d'arracher le sceptre au dernier des Valois, et aux Bourbons, ses légitimes héritiers, pour le placer dans la maison de Guise. L'audacieux Balafré consentit à toutes les conditions que lui imposaient Rome et l'Espagne, parce qu'il se sentait la force de reprendre, après le succès, les concessions que la nécessité l'obligeait de faire. Il cachait son ambition aux yeux des ligueurs de bonne foi (car il y en avait alors comme aujourd'hui), et

paraissait n'avoir d'autre but que d'empê-
cher la couronne de passer sur la tête d'un
prince hérétique, si le Roi, qu'il avait su
rendre suspect aux catholiques, mourait
sans enfans. Mais le fier Lorrain, une fois
affermi dans son usurpation, n'eût pas tardé
à rendre à l'autorité royale toute sa force,
et à la France le rang politique que lui avait
fait perdre les dissensions extérieures. Sous
ce point de vue, que le caractère de Guise
rend très-vraisemblable, le triomphe de la
ligue n'eût peut-être été fatal qu'aux princes
dépouillés; Rome, l'Espagne, et le clergé
lui-même, se seraient probablement repen-
tis de leurs imprudens services. Qui sait
même si les jésuites, ces fougueux et habiles
artisans d'une révolution qui fut si près de
réussir, n'eussent pas payé de leur destruction les services rendus à Guise! Ce prince
éclairé, mais moins généreux et surtout
moins confiant que le magnanime Bourbon,
n'eût point toléré l'existence d'une corpo-
ration assez puissante, dès son origine, pour
soulever le peuple contre ses légitimes sou-
verains.

Ces considérations ne se trouvent indi-

quées par aucun des écrivains de l'époque.
Les uns, ligueurs forcenés ou de bonne foi,
ne voyaient réellement, dans Guise, que le
soutien de la religion ; et quant à ceux qui
étaient partisans de la maison de Bourbon,
leur juste animosité contre le rebelle, le
leur montrait comme un tyran détestable,
dont le succès serait pour la patrie la plus
horrible des calamités. Dans cette disposition
naturelle des esprits, on ne s'arrêtait pas à
calculer les événemens futurs, et à prévoir la
possibilité qu'une administration sage et vi-
goureuse fît oublier le crime de l'usurpation.

Aujourd'hui, où il n'existe aucune des
chances qui pouvaient se réaliser alors, et
où nous ne savons que trop quels sont les
projets de la nouvelle ligue, il est utile de
démontrer que son triomphe ne laisse au
trône que la perspective d'un avilissement
honteux, et à la nation d'autre avenir, que
l'état de langueur politique et de misère ex-
térieure dont les peuples soumis à la domi-
nation de cette faction, nous offrent le triste
exemple.

Malgré les obstacles qui se sont opposés

jusqu'à présent aux progrès de la congrégation, ils ont été immenses. Un changement
dont on n'aurait pas supposé la vraisem-
blance il y a dix ans, a eu lieu dans les
hommes et dans les choses. On osait à peine
alors prononcer le nom de jésuites. Ceux
qui aujourd'hui les défendent ouvertement,
niaient jusqu'à la possibilité de leur résur-
rection. Des conseils généraux ne craignent
pas de demander, au nom de leurs administrés, que l'éducation publique leur soit exclusivement confiée. Cette opinion particu-
lière de quelques membres de ces assemblées
timides, est présentée comme le vœu général
des citoyens qui protestent avec indignation
contre cette espèce de félonie que la loi ne
peut atteindre, puisqu'elle ne caractérise pas
de délit l'acte de celui qui ment à sa conscience par intérêt, ou qui trahit son pays
par ignorance.

Nous avons entendu un ministre du Roi,
prélat célèbre dans la chaire de vérité, em-
prunter à l'école d'Escobar des argumens
qui ne sortaient qu'avec une sorte d'embar-
ras de sa bouche éloquente, plus propre à
les foudroyer qu'à les défendre. C'était en

faveur d'une faction qui ne lui pardonnera jamais de ne s'être pas ouvertement déclaré son apologiste, que cet illustre orateur venait infirmer à la tribune nationale, une juste réputation de loyauté.

L'hypocrisie a perverti tous les rangs, tous les âges, toutes les professions. Les faveurs de la cour et de l'Etat sont le prix de cette hypocrisie, offrant avec ostentation pour garantie de sa ferveur récente, la pratique sacrilége et fréquente des devoirs les plus sacrés de la religion.

Des provinces tranquilles sont mises en feu par des prétendus missionnaires de paix que la population repousse, et que protégent les baïonnettes. Des Français chrétiens sont traités comme le furent jadis les Saxons idolâtres. En vain de sages et prudens magistrats veulent-ils préserver leurs paisibles administrés de ce prosélytisme furieux ; leurs représentations sont sans effet sur le gouvernement, contraint lui-même de tolérer cette véritable anarchie ecclésiastique. Ces missions dont l'utilité pourrait être contestée, alors même qu'elles n'occasioneraient point de troubles, affligent profondément les hommes sincèrement religieux. Ils voient avec douleur la véritable piété s'affaiblir de plus en plus, chez un peuple qui abhorre tous les moyens de contrainte. Dix mille communions et la conversion de quelques soldats, qu'on exalte au point de faire penser aux étrangers que notre armée n'est qu'un ramassis de libertins et d'impies, rachèteront-elles une seule mort violente, ou la détention d'un seul père de famille, occasionées par ces évolutions jésuitiques ?

A côté de ce tableau qui n'est que trop fidèle, on voit la nation indignée, mais contenue par son respect pour le trône et pour des lois impunément éludées, saisir avec ardeur toutes les occasions de manifester ses sentimens. Les derniers momens d'un acteur célèbre n'eussent intéressé vivement, dans d'autres circonstances, que le petit nombre de personnes qui cultivent les lettres; ils ont été pour l'opinion publique irritée, le signal d'une explosion qui, d'un bout de la France à l'autre, a témoigné de la manière la plus significative, de son attachement désormais indestructible, aux institutions conservatrices de la liberté de conscience et de la tolérance religieuse.

La France s'exagère peut-être les dangers que courent ces institutions de la part de la ligue; mais ces craintes sont justifiées par l'impunité avec laquelle elles sont attaquées dans les discours et dans les livres des écrivains de la faction. Dans un grand nombre de ces ouvrages, la Charte est insolemment attaquée, et tandis que des outrages souvent imaginaires à la religion de l'État, sont poursuivis avec rigueur, on observe avec douleur la conduite des agens de l'autorité, successeurs silencieux de ces hommes illustres qui ont tant de fois fait retentir les voûtes du temple de Thémis de leur patriotique éloquence. Les cachots et la chaîne des forçats ont puni des offenses où l'imprudence avait plus de part que la réflexion, pendant qu'on laissait impunément se multiplier les éditions d'un livre où l'épouvantable doctrine de la déposition des rois est établie en principe, et où sont indiquées jusqu'aux formes dont les peuples doivent user pour exercer ce terrible droit, devenu légitime d'après ces étranges publicistes, du moment où le Pape en reconnait l'opportunité.

La haute magistrature cependant oppose une noble résistance aux innovateurs; mais restreinte dans des attributions, malheureusement trop bornées, elle se contente de faire éclater ses sentimens de fidélité à la Patrie et au Roi *quand même!...*

Le ministère, sinon tout entier, au moins en partie, gémit et se tait. Une force invisible, mais connue et présente partout, paralyse des efforts dont il est juste de reconnaître l'intention.

Où donc est cette force? demandent ceux qui ont intérêt à nier son existence, ou qui sont assez aveugles pour ne pas en apercevoir les effets.

Elle est dans les jésuites; dans la congrégation qui est leur corps d'armée, et dans une partie du clergé, auxiliaire dévoué, parce qu'en perdant la tradition de l'ancienne Église gallicane, la plupart des jeunes ecclésiastiques se sont laissé persuader que, sans la destruction préliminaire de la fameuse société, la révolution n'aurait jamais eu lieu.

Qu'on se donne bien de garde de se rassurer sur la sagesse et le patriotisme du vieux clergé français. Hélas! cette respectable portion de l'Église nationale s'éteint journellement. Bientôt la mort aura délivré les ligueurs de leur présence importune, et malheureusement encore, parmi ces vénérables débris, la France a la douleur de compter des prélats dont la faction a su se faire des appuis. Plus coupables par l'intention, mais infiniment moins dangereux, les Rose, les Léger, les Guignard, les Mathieu de l'ancienne ligue, n'avaient de crédit que sur la plus vile populace. La violence de leurs prédications et les excès dont ils se souillaient, révoltaient les honnêtes gens et leur faisaient détester la sédition, tandis que les plus hautes vertus et les meilleures intentions deviennent, par une déplorable aberration de jugement, un instrument fatal de séduction et de succès, entre les mains des modernes ligueurs.

Sans doute l'épiscopat compte en France de dignes successeurs des Bossuet, des Fénélon, des Noailles et des Massillon. Paris et Bordeaux, heureux diocèses, vous serez

les derniers atteints par la contagion générale. Mais quels collaborateurs sont réservés
à vos vénérables pasteurs dans ces séminai-
res, où le grand Bossuet et le sage Fleury
ne sont remis entre les mains des élèves,
qu'après avoir subi de coupables altérations;
dans ces colléges où l'historien d'Henri IV,
le vertueux Péréfixe est à l'index, et est
remplacé par le jésuite Loriquet, le Procuste
de la faction, et l'exécuteur des mutilations
auxquelles sont irrémissiblement condamnés
nos plus sages auteurs ?

Et l'on révoquera en doute l'existence
d'une cause puissante qui enchaîne l'autorité, et ne lui permet pas de soustraire la
jeunesse française à un aussi détestable en-
seignement ! On s'obstinera à fermer les yeux
sur la funeste connivence d'une partie du
clergé français avec les jésuites ! Tous les
jours, sous les yeux d'un Bourbon dont le
nom seul devrait être pour les ligueurs la
tête de Méduse, on cherche à diminuer l'horreur héréditaire des Français pour les attentats de l'ancienne ligue. On a osé présen-
ter la criminelle faction des Guises, comme
le parti national de cette époque. Les ef-

froyables massacres de la Saint-Barthélemy sont traités de *rigueurs salutaires !* Ce blasphème religieux et politique a trouvé des approbateurs! Veut-on relever les bûchers de l'Estrapade? Les portes de Notre-Dame vont-elles s'ouvrir, pour qu'une armée d'assassins aille vociférer, sous ses voûtes, un *Te Deum* en actions de grâces de nouveaux massacres ! Ces épouvantables conséquences ne découlent-elles pas tout entières de ces affreuses doctrines ?

Un ordre flétri par tous les gouvernemens sans exception, pour avoir professé le régicide et l'impiété, a des apologistes zélés parmi des hommes qui se prétendent exclusivement royalistes. Ces mêmes hommes osent excuser les crimes innombrables dont le fanatisme religieux fut le prétexte, en leur opposant ceux que la révolution a produits.

Il n'y a qu'une absence totale de jugement, ou un désir féroce de renouveler ces attentats contre l'humanité, qui puisse inspirer de telles pensées, et donner l'effroyable courage de les manifester. Oui, sans doute, vous devez détester, et nous détestons avec vous l'horrible faction qui ensanglanta la France à la fin du dix-huitième siècle; mais nous vouons à la même exécration, et les bourreaux de Louis XVI et ceux de la Saint-Barthélemy. Nous confondons dans notre horreur le Comité de salut public et les Seize; Robespierre, Marat, et les assassins de Henri III et de Henri IV; les complices des premiers et ceux des seconds; cette audacieuse et criminelle Sorbonne qui osa proscrire le sang de nos rois, ces pontifes impurs et ces lévites sacriléges qui déifièrent Jacques Clément; cette société perverse, enfin, dont l'apparition dans l'Eglise fut un signal de trouble, la durée une conspiration permanente contre l'Etat, la destruction l'acte le plus salutaire de la justice divine et humaine, et le rétablissement de nos jours, le scandale qu'il était réservé au dix-neuvième siècle de donner au monde, pour qu'il n'ait rien à envier, en calamités publiques, à ceux qui l'ont précédé.

Le ministère trompé ou intimidé par la puissance toujours croissante de la faction, ou peut-être craignant d'échouer en essayant des remèdes, laisse empirer le mal qu'il feint

d'ignorer. Il espère en vain endormir l'hydre
en lui jetant de temps en temps un os à ron-
ger. Celle-ci, qui n'attend que l'occasion de
le dévorer lui-même, poursuit pied à pied
ses avantages.

Cependant la nation, dont l'immense majorité ne sera jamais séduite, malgré de folles
espérances, veille avec attention sur son re-
doutable ennemi. Elle attend en frémissant,
mais avec résignation, que le trône, attaqué
lui-même plus ouvertement, témoigne des
craintes pour sa sûreté et oppose de la résistance. C'est alors qu'une indignation, long-
temps comprimée, éclaterait par de terribles
représailles, si une juste confiance dans l'autorité souveraine, et la générosité nationale
n'en modéraient l'explosion.

La ferveur religieuse que nos prétendus
apótres croient avoir fait naître, et sur laquelle ils fondent l'espoir du succès de leurs
plans, n'existe que dans quelques gazettes
et dans des relations mensongères ou inté-
ressées. La piété sincère n'est plus en France
que dans le cœur d'un petit nombre de
personnes dont chaque année voit diminuer
le nombre ; tout le reste n'a que de l'hypo-

crisie ou de l'indifférence. Ce dernier senti-
ment est devenu celui de la majorité des
hommes de bien, trop justes pour accuser
la religion des maux produits par la violence
et par la maladresse du nouveau clergé,
mais trop amis de leur pays, pour ne pas
abandonner à elle-même une cause à laquelle on a ôté tout ce qu'elle avait de respectable, pour en faire un moyen de troubles civils. Si la violence des passions et les
succès obtenus jusqu'à présent ne fasci-
naient pas les yeux de nos ligueurs, on
pourrait s'étonner que ceux d'entre eux qui
ont fait preuve de talent et de prévision en
diverses circonstances, n'aperçoivent pas ce
qui se passe autour d'eux. S'il était possible
qu'un pareil état de choses durât vingt ans,
la religion catholique en France y serait
tellement affaiblie, que la plus légère se-
cousse en opérerait la ruine totale. Les liens
qui nous unissent à Rome, déjà bien faibles
malgré les apparences, se rompraient alors
avec la plus grande facilité. Ce n'est point,
comme considération générale que nous fai-
sons cette remarque ; c'est un fait constaté
par une foule d'observations particulières

2

que chacun a pu faire, et que ne détruisent
point des succès obtenus dans quelques provinces, sur cette partie de la population dont
l'imagination mobile reçoit avec plus de vi-
vacité, les impressions du moment. Les con-
quêtes éphémères des missionnaires conso-
lident moins la religion, que ne lui fait de
tort, l'abandon des hommes sensés que ces
parades éloignent, peut-être pour toujours,
d'un culte jusqu'alors respectable à leurs
yeux.

Ce n'est pas chez les peuples du dix-neuvième, siècle qu'on réveillera la foi engour-
die, par les moyens employés au quinzième.
Il n'y a de praticable aujourd'hui qu'une
religion de tolérance, de douceur et de
persuasion. La théologie dogmatique, sur
laquelle d'ailleurs personne ne songe à con-
troverser, n'est plus de saison. Elle a
fait place à la théologie morale, qui laissera
d'assez abondantes moissons à faire à un
clergé prudent et éclairé. La charité seule
pourra sauver la foi du naufrage inévitable
qu'on lui prépare. Le sens littéral de la
maxime *hors de l'Église point de salut*, et
du *compelle intrare*, n'est plus admissibe

dans une société de chrétiens qui ne se regardent plus comme ennemis naturels, par cela seul qu'ils professent des opinions différentes sur tel ou tel point de dogme.

La France, la véritable France, serait aujourd'hui, si vous l'eussiez voulu, le peuple le plus religieux de l'univers; si, contens du véritable triomphe de l'Évangile, vous n'eussiez prétendu relever tous les abus dont l'avaient enveloppé quinze siècles d'ignorance et de superstition; si vous aviez su comprendre cette vérité que vous ne parviendrez plus à obscurcir, que la religion doit suivre, dans sa pratique et dans sa discipline, les progrès de la civilisation. *Conformez-vous aux temps*, a dit le prince des apôtres. En négligeant cette sage maxime de saint Paul, Rome a perdu son autorité dans une moitié de l'Europe, et ne l'exerce que très-imparfaitement dans l'autre. Ses imprudens défenseurs ont cru relever son empire èn excitant le fanatisme; ils ont recueilli la haine. Ils ont méconnu l'état social au milieu duquel ils vivaient; ils n'ont pas vu que les querelles théologiqnes auxquelles nos aïeux attachaient tant d'importance, n'ont

2<sup>*</sup>

plus d'intérêt pour nous. Ce n'est plus la forme, c'est le fond des choses qui attire notre attention dans ce siècle éminemment positif, où tout est compris. Parmi les facultés de l'esprit humain auxquelles les trente dernières années ont donné un développement prodigieux, on doit citer la pénétration et la sagacité, qui sont devenues populaires en France. Voilà pourquoi le bon sens national, qui a heureusement remplacé l'effervescence des premiers temps de la révolution, aperçoit à l'instant les piéges qui lui sont tendus, et devine le but qu'on se propose. Voilà pourquoi aussi l'opinion publique se prononce avec tant de force sur de hautes questions, avant même qu'elles soient discutées. Si dans le moment actuel nous nous montrons alarmés des envahissemens du clergé, ce n'est pas en haine de l'autorité spirituelle ou par mépris de la religion que nous respectons, c'est par une crainte salutaire, justifiée par tant d'exemples anciens et récens, des troubles dont la religion a été le prétexte. Qu'on ne nous taxe point d'exagération ou de malveillance en exprimant ces craintes. Elles sont le fruit de réflexions

approfondies sur l'état des choses à l'époque
présente. Il nous paraît démontré que tout
ce qui sera accordé au clergé au-delà du
respect et de la considération qui lui sont
dus, lorsqu'il ne sort pas des bornes que le
Sauveur des hommes a posées lui-même,
en déclarant que son royaume n'était pas
de ce monde ; toute prérogative temporelle,
toute participation aux affaires, tout empié-
tement, quelque léger qu'il soit, sont autant de blessures mortelles faites au corps
social. La puissance du clergé a, toujours
et partout, été funeste aux États qui l'ont
laissé s'élever. Si dans des temps qui ne sont
plus qu'historiques pour nous, quelques pontifes et quelques corporations religieuses ont
rendu des services à l'humanité, c'est parce
qu'au milieu des peuples barbares du moyen
âge, le clergé seul avait conservé quelque
étincelle des sciences, et parce que les lumières
sont toujours avantageuses aux nations de
quelque part qu'elles viennent. Mais aujour-
d'hui, où loin d'être exclusivement déposi-
taire des connaissances humaines, le clergé
est, sous quelques rapports, en arrière des
autres classes de l'État, il ne peut qu'être

fort dangereux d'introduire dans un système de civilisation, dont le perfectionnement est le but, un corps qui, par un intérêt mal entendu peut-être, mais dont l'obstination est extrême, s'oppose de toute sa puissance au mouvement des esprits et agit hostilement contre ce mouvement, qui ne lui est funeste, que parce qu'il persiste à ne pas vouloir s'y conformer.

Tel est, malgré les assertions contraires des écrivains du parti, le véritable état des choses, et tel il continuera d'être, malgré tous les efforts de la congrégation. Aussi n'est-ce pas le succès définitif de la conspiration que nous redoutons ; ce sont les troubles qui seront inévitablement la suite des efforts des factieux pour atteindre leur but. On peut les prévoir ces troubles, mais non en calculer les effets. Les symptômes en sont assez patens pour exciter la sollicitude de l'autorité, et lui faire prendre la résolution de les prévenir. Que le gouvernement daigne consulter, dans la capitale et dans les provinces, des personnes de bonne foi, quelles que soient d'ailleurs leurs opinions politiques, il apprendra que la haine contre le

clergé qui , à l'époque du concordat de 1802 ,
s'était éteinte à la voix de ces vénérables
pasteurs, ne rapportant de leur exil que des
paroles de paix et des bénédictions pour leurs
persécuteurs, s'est réveillée dans toute sa
force. Les Français avaient vu avec orgueil
se relever leur ancienne église ; les chaires
catholiques commençaient à briller d'un nou-
vel éclat. Les grands orateurs sacrés qui les
avaient autrefois illustrées trouvaient de
dignes successeurs , et lorsque la persécution
vint atteindre quelques prélats qui osèrent
résister, aux volontés d'un homme qui prit
trop souvent conseil de la violence , le respect et l'estime de la France les vengèrent
des injustes rigueurs du pouvoir.

La Restauration arriva , mais le clergé au
lieu de suivre le glorieux exemple du sage
monarque que la Providence suscitait pour
cicatriser les plaies de la patrie ; au lieu d'i-
miter la sagacité merveilleuse avec laquelle
choisissant dans l'ancienne constitution de
l'État et dans les institutions nées de la révolution, les élémens d'un système appro-
prié aux circonstances, Louis XVIII élevait
l'édifice immortel de nos libertés à l'abri du

trône tutélaire des Bourbons ; ce clergé que
tant de malheurs auraient dû éclairer, et qui
depuis quatorze ans avait pu étudier l'état
moral de la nation , manifesta imprudem-
ment l'intention, non-seulement de rendre
à la religion tout son lustre , ce qui était
louable; mais encore de rétablir des abus et
des statuts de simple discipline , incompa-
tibles avec les temps actuels. Tant que le
vénérable Pie VII a vécu , et quoique ce
sage pontife n'ait pas été lui-même toujours
inaccessible à d'imprudens conseils, surtout
dans les dernières années de sa vie, l'esprit
jésuitique et congréganiste, qui n'est qu'une
seule et même chose , a fait peu de progrès.
Le gouvernement, loin d'être influencé par
la faction, comme quelques apparences pour-
raient faire penser qu'il l'est aujourd'hui ,
sut réprimer les entreprises des jésuites qui
niaient eux-mêmes leur propre existence, et
de la congrégation encore inaperçue. Mais
depuis quatre ans le système a pris d'immenses développemens. L'association d'a-
bord secrète a été publiquement avouée.
Substituant à propos l'artifice à des violences
encore intempestives, elle a eu soin d'offrir

au trône la garantie de noms respectables,
et qu'une loyauté long-temps éprouvée met-
tait à l'abri du soupçon. C'est en plaçant à
sa tête le vertueux duc Mathieu de Mont-
morency, séduit par le double prestige de
la religion et de la bienfaisance, que cette
mystérieuse et coupable congrégation est
parvenue à répandre sur elle, aux yeux d'une
infinité d'honnêtes gens, le baume des
vertus de son chef apparent. Depuis la mort
de cet illustre personnage, elle a suivi la
même tactique. Des hommes éminens en
vertus et en dignités, croient pieusement
diriger dans les voies de la perfection religieuse et de la charité, un troupeau qui
n'est en réalité, entre les mains des jésuites
ses véritables chefs, qu'une armée de Séïdes
prête à tout entreprendre.

Mais que projettent donc les jésuites et
la congrégation, pour exciter tant de cla-
meurs?

Ce qu'ils projettent, le voici :

Le renversement du système représenta-
tif; l'extirpation totale des cultes dissidens;
l'abolition du jury; la dépendance de la
magistrature; le monopole exclusif de l'en-

seignement public; la destruction du peu qui reste des libertés de l'Église gallicane; la suprématie temporelle de la thiare; la censure littéraire la plus rigoureuse; le droit d'aînesse dans les familles; l'inquisition enfin! Cette atroce institution est tout entière dans le système des *rigueurs salutaires.*

Voilà, malgré les dénégations du parti, le plan qu'il se flatte de réaliser; il le fera nier sans doute par ses échos habituels. On répétera contre nous l'accusation banale, et désormais usée, de vouloir sapper l'autel pour renverser le trône. Ce trône qu'on nous accuse de vouloir renverser, la faction hypocrite ne le regarde que comme un moyen qu'elle ne craint pas de compromettre, tandis que nous ne désespérerons jamais du salut de la Patrie, par lui et en lui. Vos dénégations seront vaines; vous êtes dévoilés, le masque qui vous couvre est soulevé; il laisse déjà voir, sur vos fronts, la confusion et le regret de n'avoir pu replonger la France dans les horreurs auxquelles elle a miraculeusement échappé, à plusieurs époques également funestes.

Non sans doute, de parricides vœux ne

seront point exaucés. Jamais on ne soumettra la France aux ignobles fers que le fanatisme veut forger pour elle; mais qui peut prévoir la violence des attaques, et la force de résistance qui sera opposée, avant l'époque où l'autorité souveraine jugera à propos d'opposer une digue au torrent : qui osera sonder de sang-froid l'abîme vers lequel on nous entraîne ?

Monarque des Français, vous que tant de vœux et d'espérances ont accueilli à votre avénement à la couronne; vous dont le noble cœur comprend si bien toutes les pensées généreuses; la patrie alarmée, la religion même vous implorent. Daignez rassurer un peuple qui vous aime et qui, soyez en sûr, ne voit pour lui de repos et de bonheur, que dans la perpétuité du sceptre dans votre auguste race. Il se fait gloire de lui devoir ses libertés, qui sont l'ouvrage de ses Rois, depuis Louis-le-Gros jusqu'à vous.

Noble et modeste héritier du trône, vous qui, la palme de la victoire à la main, avez voulu faire goûter à un peuple sourd à vos héroïques exhortations, les douceurs de la paix et de la concorde; refuserez-vous de mettre au pied de ce trône nos craintes et nos vœux.

Et vous, royal enfant, miraculeusement envoyé par la Providence, pour faire revivre parmi nous le généreux Béarnais ; puisse-t-on offrir à vos jeunes réflexions, l'histoire de vos glorieux ancêtres. Vous y verrez que la plus haute piété et les vertus plus qu'humaines du saint Roi, chef de votre auguste maison, ne le garantirent pas des entreprises sacerdotales. Vous lirez avec effroi les pages sanglantes, où sont tracés les crimes commis au nom de la religion. Vous saurez par quelles mains fut conduit le poignard des Clément, des Châtel et des Ravaillac. Vous apprendrez à connaître cette association perverse, qui s'est revêtue du doux nom du Sauveur des hommes pour mieux les tromper, semblables à l'assassin qui couvre de miel le poison préparé pour sa victime. Vous êtes l'espérance de la Patrie. Elle espère que vous en serez un jour l'orgueil, et qu'à l'abri de votre trône tutélaire fleuriront, d'un éclat égal, la sainte religion du Christ et les institutions que nous devons à la sagesse de nos Rois.

Illustres Pairs, gardiens inamovibles des prérogatives du trône et de nos libertés! la France a déjà reçu de vous des gages précieux de votre attachement aux institutions qu'elle chérit. Elle compte sur votre fermeté, et vous regarde comme un rempart contre lequel viendront se briser les efforts des factieux, quelque bannière qu'ils arborent.

Députés de la nation, nos sentimens et nos vœux vous sont connus. Vous vous montrerez dignes de votre auguste mission, en veillant à la conservation intégrale de nos droits. Toute atteinte qui leur serait portée de votre consentement, vous ferait encourir une responsabilité dont votre patriotisme saura vous garantir.

Et toi, peuple français, après avoir donné au monde l'exemple de toutes les gloires, tu as su te montrer non moins grand dans l'adversité. Persévère dans ta noble attitude; elle suffira pour déjouer les complots de tes ennemis. Ta fidélité et ta soumission aux lois seront récompensées. Encore un peu de temps, et tu verras fuir épouvanté le génie du mal qui s'agite en ce moment avec tant de violence; ta confiance dans ton Roi ne sera pas trompée. Les petits-fils d'Henri IV n'ont jamais été sourds aux vœux de la nation.

www.ingramcontent.com/pod-product-compliance
Lightning Source LLC
LaVergne TN
LVHW050037070726
842526LV00015B/1858